CREATIVIDAD
EL ARMA MÁS PODEROSA
DEL MUNDO

¿CÓMO SER CREATIVO?

Juan Carlos Chávez

ÍNDICE

Publicado por
Educación Superior Grupo G8D
Playa del Carmen, México.
2019

Revisado y editado por Alicia Ruisánchez
Diseñado por Max Martínez

Dedicado a mis padres
Carlos Chávez
y
María Eugenia Méndez

CREATIVIDAD
El arma más poderosa del mundo

La creatividad puede ayudarte a ser más sano mental y físicamente, mejorar tus relaciones personales, darte grandes oportunidades profesionales, hacer a tu familia mucho mejor, lograr que civilizaciones enteras evolucionen, combatir los problemas del mundo, llevarte a ser más feliz, que logres tus sueños y mucho más.

Si lees este libro con atención, entenderás por qué la creatividad es el arma más poderosa del mundo y tu visión sobre la vida nunca volverá a ser la misma.

¿Qué es la creatividad?

Es el acto que ha dictado el rumbo de la humanidad, su intangible más poderoso, la energía que ha roto paradigmas de la ciencia, la fuerza capaz de crear o destruir la realidad física y metafísica.

¿Por qué es tan poderosa la creatividad? La respuesta es paradójicamente simple: evolución.

"Ser mejor" es lo que mueve y ha movido al mundo desde sus inicios y por tanto es un principio de su esencia natural. Constantemente la naturaleza busca nuevos y mejores caminos para transcender. Desde los organismos más simples y pequeños hasta los más grandes y complejos. ¿Y cómo podemos encontrar nuevos y mejores caminos? Por definición, solo **rompiendo barreras y cambiando el rumbo de lo establecido.**

Una pregunta que ha ocupado a los más brillantes científicos, filósofos y en general a todos los seres humanos, es el sentido de la vida humana. Algunos creen que el sentido de la vida es "ser felices"(sin tener una idea clara de la definición de felicidad), otros dicen que es reproducirnos y sobrevivir como especie, algunos más consideran que no tiene ningún sentido; esto por mencionar solo algunas posibles respuestas a un tema tan complejo.

Sin embargo, si prestamos suficiente atención podemos observar que hay una constante en todas nuestras acciones. A todos nos mueve una fuerza muy poderosa: el deseo de "ser mejores" y por lo tanto cambiar nuestra condición actual. "Mejores" con respecto a una infinidad de aspectos: amor, dinero, poder, comodidad, placer, paz, salud, etc. Incluso en los casos en que un ser humano quiere dejar de vivir, también está buscando un estado "mejor" que su estado actual.

No pretendo asegurar que "ser mejores" es la respuesta absoluta al sentido de la vida, sino destacar que la gran mayoría de nuestras acciones obedecen a esta motivación constantemente.

Así pues, la tesis de este libro es muy clara: la creatividad o búsqueda de "ser mejores" a través de ser diferentes, es la fuerza que mueve al mundo y por lo tanto, el arma más poderosa que existe.

INTRODUCCIÓN

¿Por qué decidí escribir sobre creatividad?

Desde que tengo memoria, "la creatividad" (sin saber que así se llamaba) es un concepto que ha atraído mucho mi interés. En un principio, noté que decir cosas "diferentes" generaba una reacción positiva en las personas; aprendizaje empírico que obtuve reforzado por la atención de los demás. "Ocurrencias" les llaman algunos. Recuerdo que, por ahí de los 7 años, escribí un periódico con top musical, top deportivo y una sección con lo mejor de "peinados para abuelitas". Dibujé varias copias idénticas, las engrapé y las repartí entre los asistentes a la cena navideña. Dicho periódico fue todo un éxito y es recordado hasta la fecha por los asistentes casi 30 años después. Desde entonces, mi conclusión inmediata fue que lo "diferente" u "original" llama la atención.

Pasaron los años y me fue inevitable atender a la rebelde voz interior que decía: "encuentra la forma de hacer las cosas por ti mismo". Así fue como a los 13 años descubrí el poder de hacer música. Sin ninguna influencia musical real y diaria en mi vida, de alguna manera llegué a comprender que un instrumento musical es una herramienta muy poderosa, y tras mucha insistencia logré que mis padres me compraran una guitarra. Cuando toqué mi primer acorde el mundo nunca volvió a ser el mismo, experimenté un sentimiento único que unió muchos niveles de mi ser. Recuerdo que fue un Re Mayor. A partir de entonces la magia de la música se apoderó de mi espíritu.

Muchos lo intuimos de alguna manera, pero ¿por qué es tan universal el gusto por la música en el ser humano? Aunque para la mayoría genera un sentimiento positivo, existen casos alrededor del fenómeno musical que demuestran que representa una fuerza tan grande que es capaz de producir todo tipo de condiciones mentales. Oliver Sacks documenta muy bien varios de estos casos:

Musicofilia repentina: casos en los que de un momento a otro, posiblemente activado por algún accidente o acontecimiento especial, una persona genera una afición extrema por la música.

Epilepsia musicogénica: miedo a la música, incluso llega a producir ataques.

Alucinaciones musicales: personas que no pueden dejar de escuchar cierta canción, incluso por años.

Amusia y disarmonía: incapacidad de entender o "sentir" la música.

Tono absoluto: capacidad de "ver" notas e identificarlas sin tener que compararlas una con otra, tal y como lo hacemos con los colores.

Hipermusicalización: condición llamada Síndrome de Williams, que algunos consideran un tipo de retraso mental, pero que se caracteriza por hacer de la persona hipersocial e hipermusical.

Cito todo este contexto porque el comprender por qué la música es tan poderosa, puede ayudarnos también a entender mejor la creatividad, ya que cada canción es única en todos los sentidos. Es posible crear millones de canciones diferentes e incluso considerar cada canción un proceso de descubrimiento ya que cada una parece tener una esencia intrínseca.

Además, como bien propuso Arthur Shopenhauer, la música es tan gratificante porque une una nota con otra en un desenlace metafísico. Es decir, cada nota previa y futura están unidas de tal manera que el sentimiento que nos produce la nota presente es consecuencia de un todo que fusiona pasado, presente, futuro y consciencia humana. Una canción o melodía solo se logra apreciar en su totalidad y no cada nota por separado. Esto también puede relacionarse con el concepto budista que sugiere que todo lo que existe y ocurre no puede existir por sí mismo, sino que es una causa de otras causas y así sucesivamente, todo es uno, uno es todo y todo está conectado en tiempo y espacio.

La piel de gallina que sientes al escuchar tu canción favorita, no es un acontecimiento fortuito. Lo mismo sucede con las ideas creativas. Una canción es una idea creativa. Ese momento de ¡eureka! que conecta todos los puntos tiene una razón de ser. Por ello, hasta la fecha mi "nutriente" favorito para el espíritu es hacer y tocar música todos los días.

El tiempo siguió su curso, creamos un grupo musical (de rock, como podrán imaginar), montamos un estudio (muy pequeño ya que en ese entonces tener una computadora personal con un quemador de discos compactos era un lujo) y creamos una organizadora de eventos. De los 15 a los 18 años logramos realizar decenas de eventos / conciertos, incluso con patrocinios de por medio. No había tiempo que perder esperando una disquera, nosotros la creamos. A decir verdad, en ese tiempo no nos caracterizábamos por nuestro nivel musical (muy elemental de hecho), sino por nuestras ganas y manera de hacer las cosas: diferente y por nosotros mismos. Así fue, sin darnos cuenta, que comenzó toda una carrera creativa orientada a transmitir ideas y provocar ciertas acciones, como en aquel tiempo que el objetivo era llevar concurrencia a los eventos.

Fue entonces que comprendí que podíamos hacer lo mismo para cumplir otros objetivos, como por ejemplo, hacer publicidad para otros proyectos. Ya creábamos (sin conocer estos términos) conceptos, ideas, argumentación creativa, diseño de volantes y todo un esfuerzo de Relaciones Públicas y Marketing para sacar adelante aquellos eventos.

Recuerdo muy bien que una noche llegó mi padre de una reunión y me contó que una empresa a la que le daba consultoría en comercialización estaba buscando una agencia para que les diseñara todos sus empaques. Ese mismo día le pedí que nos permitiera participar en el concurso que consistía en realizar un diseño de empaque bien justificado para así competir con otras agencias. Aunque mi padre no estaba muy convencido, aceptó y pusimos manos a la obra. Para no hacer el cuento largo, resulta que ganamos y de un día para otro obtuvimos, sin oficinas y sin una empresa formal, una cuenta muy cotizada en ese tiempo por las mejores agencias de publicidad y diseño del país. Evidentemente tuvimos que movernos a la velocidad de la luz para sacarlo adelante y así fue que se creó *G8D*, nuestra agencia de comunicación creativa.

Al día de hoy sigue operando y hemos tenido la oportunidad de colaborar con algunas de las empresas más importantes de Latinoamérica, siempre con un enfoque creativo y estratégico. Gracias a estos esfuerzos fue que logré montar nuevos proyectos propios con los que buscaba desafiar lo establecido, otra vez con espíritu rebelde, pero por primera vez bien encaminado hacia crear un mundo mejor. Así surgió *Body Masters*, un estudio en Playa del Carmen, México que se especializa en entrenamiento sin pesas, con tu propio peso y nutrición vegana. Todo un cambio en el juego de la industria del *fitness* y la nutrición de ese tiempo, en el que los gimnasios, las proteínas sintéticas y el consumo desmedido de carnes y lácteos eran el pan de cada día; y aunque la realidad en este sentido no ha cambiado mucho, sí podemos ver un gran avance en comparativa y sobre todo con respecto a la información disponible. Resultó ser todo un éxito, porque además de ser algo único y diferente, lucha por la verdad y la evolución de la humanidad.

Sin entrar en detalles, la argumentación es muy sencilla: el *Homo sapiens* ha evolucionado por más de dos millones de años con una alimentación libre de excesos en carnes y lácteos y mucho menos productos procesados. Es por esto que el hombre puede metabolizar mucho más fácil y mejor productos de origen vegetal. Además, las carnes y los lácteos están cargados de toxinas como hormonas, antibióticos, químicos y descomposición. Evidentemente no son productos saludables y esto sin tocar el tema ético donde está aún más claro que no está bien matar y tratar tan cruelmente a más de 50 mil millones de animales destinados al consumo humano cada año.

Al día de hoy, en conjunto con Yussef Obeid uno de los profesores con más visión e información del mundo en estas áreas, ***Body Masters*** es el centro más certificado en *Fitness* con tu propio peso y Nutrición Vegana de Latinoamérica y recibe a cientos de miembros al año.

Un año después de la creación de *Body Masters* y continuando con los casos prácticos en los que los esfuerzos de creatividad me han resultado un éxito (a nivel personal y profesional), está la creación de *Alfa Master Academy*. De nuevo, la idea era romper esquemas pero ahora en la industria de la educación.

Desde que estudié la carrera de Comunicación y posteriormente la maestría en Administración de Empresas en la ciudad de Gotemburgo, Suecia, a pesar de tener algunos profesores realmente buenos, me di cuenta que el mundo académico prescinde de pilares fundamentales como la capacidad de actualización en respuesta al mundo cambiante, así como la experiencia práctica del cuerpo docente.

Así fue que decidimos montar un centro en el que aprender sería un acto de voluntad, sin ataduras burocráticas, políticas o económicas. Un lugar en donde lográramos ofrecer la información inteligente más actualizada en cada área, con profesores expertos y de la forma más accesible posible. Al momento cientos de alumnos cursan los programas de *Alfa Master Academy*.

Y finalmente, nos transportamos al día de hoy, momento en el que ver todo esto en retrospectiva, me permite identificar un elemento común que me ha abierto un sin fin de puertas, oportunidades y satisfacciones: **el acto creativo.**

I. CONCEPTOS FUNDAMENTALES Y LA CREATIVIDAD EN LA HISTORIA

Tú contra el miedo: el enemigo de la creatividad

¿Es posible pensar "fuera de nosotros mismos"?

¿Y por qué es relevante esta pregunta?

El enemigo de la creatividad es el miedo y para no sentir miedo es imperativo "pensar fuera de nosotros mismos" y desapegarnos de circunstancias personales o sesgos emocionales. Una tarea difícil, sin duda, pero llena de recompensas.

Para entender esta idea es importante analizar brevemente la "psique" humana, un concepto muy interesante y que su etimología se refiere al "alma". Para ello resulta útil reflexionar sobre los cuestionamientos de Arthur Shopenhauer, gran filósofo alemán nacido en 1788 que se adelantó a su época. En su libro *El mundo como voluntad y representación*, propone una distinción entre el mundo "material" como nosotros lo percibimos, lo que él llama "la representación"; y el mundo de "la voluntad", una especie de "inconsciente" freudiano y la fuerza que nos hace "desear".

En otras palabras, Shopenhauer propone que todas nuestras acciones son guiadas por una fuerza inconsciente que nos hace desear. Y que a su vez, la satisfacción o no satisfacción de ese deseo nos hará sentir miedo frente a la posibilidad de no obtenerlo o bien "felices" al obtenerlo. Además, este proceso es infinito, ya que al satisfacer un deseo, inmediatamente se presenta otro y así sucesivamente. Un concepto milenario, como el del "pecado original" que implica que por naturaleza el hombre nunca está satisfecho.

Ahora bien, ¿qué tiene que ver todo esto con la creatividad? Si logramos identificar esta fuerza inconsciente que guía nuestros deseos, entonces podremos tratar de controlarla y perder el miedo que normalmente resulta de la idea de no obtener lo que deseamos. Y así, podremos pensar "fuera de nosotros mismos", fuera de nuestros deseos y nuestros miedos. En consecuencia, podremos encontrar caminos de pensamiento realmente diferentes, fuera de la "burbuja individual".

Sin duda es más fácil decirlo que hacerlo, pero entenderlo es el primer paso. Para esto es importante entender la psique humana a nivel social e individual, conocer nuestros miedos y nuestros deseos para entonces poder pensar fuera de ellos. Un ejercicio realmente útil para estos fines es analizar las historias y los textos más trascendentales de la humanidad, ya que estos son un reflejo de la psique humana a nivel especie, o en otras palabras "la programación psicológica que todos los humanos tenemos de origen".

Justamente este ejercicio es el que hace Joseph Campbell, genio académico inglés, en su libro *El héroe de las mil caras*.

En él compara todo tipo de libros sagrados, mitos y leyendas y propone que todos tienen la "misma historia", a la cual él llama Monomito. Ya profundizaremos más sobre este tema en futuros capítulos.

Entonces, paso uno para ser creativo:
¡Controla el miedo!

Increíbles los atardeceres que pintan de oro el cielo en Puerto Escondido México.
Fotografía por Juan Carlos Chávez 2019 ©

Todo lo que toques se hará oro:
oferta / demanda

Cuando algo o alguien es creativo, gana valor. Esto sucede por una razón económica elemental. Por definición algo creativo es diferente, de lo diferente hay poco y cuando hay poco de algo entonces su valor sube.

Este efecto lo podemos ver claramente en las diferentes posiciones laborales. Las personas que tienen habilidades especiales, talentos únicos o bien una educación privilegiada son normalmente mucho mejor pagadas. En contraparte, las habilidades que la mayoría tiene, son en general mucho menos valoradas y pagadas. ¿Cómo puedo entonces como individuo sobresalir y crear valor para mí? La respuesta es: con creatividad.

Otro ejemplo claro son los diamantes, que al haber poco de este "precioso" material, su valor sube. Es importante en este punto enfatizar que el "valor" de algo está completamente ligado a la oferta/demanda. Es decir, algo vale más cuando más personas lo quieren y hay poca disponibilidad, y viceversa. Dicho esto, la creatividad nos abre un mundo de posibilidades en el que podemos crear valor material, social o humano simplemente con el hecho de ser diferentes. "De lo bueno poco" se suele decir.

En términos académicos, muchos paradigmas científicos han sido reemplazados por ideas diferentes que han roto por completo con la forma en que se había pensado la realidad. Ejemplos: La Teoría de la relatividad de Einstein, la idea de que el mundo gira alrededor del Sol de Galileo, la influencia del alma o psique sobre los fenómenos somáticos o físicos del cuerpo que propuso Freud con su psicoanálisis, la idea de la corriente alterna de Tesla que dio forma al mundo moderno, etc. Todas producto de grandes mentes que han sido capaces de pensar fuera de la caja y que han roto con lo establecido.

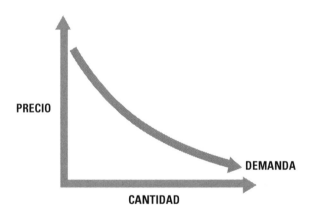

Por otro lado, en términos de negocios contemporáneos, en el mundo del Marketing, las campañas de publicidad más exitosas son las más creativas. Las grandes empresas invierten millones de dólares en departamentos completos enfocados únicamente en el desarrollo creativo, ya que se han dado cuenta de que es un ejercicio muy redituable.

Por último, cuando una persona, idea o tangible logra ser diferente y además estar alineado con los objetivos o demanda humana (por ejemplo: sabiduría, comodidad, entretenimiento, etc.), entonces multiplica su valor y su potencial de influencia.

Así como un jardín requiere de riego y cuidados todos los días, también el acto creativo. Jardín y balcón italiano. Fotografía por Juan Carlos Chávez 2019 ©

La creatividad como un "músculo"
¡Haz del cambio tu rutina!

"Lo que creo es que la creatividad consiste precisamente en saber trabajar con el cambio." - Ed Catmull, Presidente de Pixar Animation y Disney Animation

Ya lo había identificado bien Heráclito, uno de los grandes filósofos griegos presocráticos del siglo VI a.C.: el fundamento de todo está en el cambio incesante. En otras palabras, todo cambia, todo el tiempo y nada puede escapar.

Posteriormente uno de los filósofos más influyentes del mundo occidental, Georg Wilhelm Friederich Hegel, plasmó esa misma idea en su sistema ideológico. Él propuso que todo lo que existe es producto de un proceso. Incluso le asignó a estos conceptos su propio vocabulario. La famosa Dialéctica de Hegel es un proceso para comprender la "realidad" que consiste en tres etapas:

La primera: una tesis, el planteamiento inicial de las ideas.

La segunda: una antítesis, la reacción a la tesis, las fuerzas o argumentos opuestos, los elementos en conflicto.

La tercera: la síntesis. El conflicto entre la tesis y la antítesis eventualmente se resuelve en una nueva situación que contiene elementos de ambas partes pero también nuevos conflictos. Así es como la síntesis se convierte de nuevo en tesis y así sucesivamente, posiblemente hasta el infinito.

Éstas son las "reglas del cambio" que propuso Hegel por ahí del siglo XIX. De nuevo: todo cambia, todo el tiempo y nada puede escapar.

Podríamos citar un sin fin de intelectuales que han identificado esta aparente propiedad de la realidad, como la Filosofía oriental, que también propone un todo dinámico. Basta con pensar que mientras estamos sentados ahora y "aparentemente estáticos", de hecho nos estamos moviendo a una velocidad de más de 828,000 kilómetros por hora conforme se mueve nuestra galaxia. Ni un solo microsegundo es igual que otro.

Una vez que entendemos y aceptamos que todo está cambiando constantemente, podemos comenzar a ser creativos de forma más intencional y consciente. Si partimos de la idea de que la creatividad es la capacidad que tenemos para adaptarnos al cambio constante, entonces cuando hacemos del cambio nuestro estilo de vida logramos fluir con el movimiento natural de la realidad.

También es importante identificar que dicha capacidad es un "músculo" que podemos ejercitar o atrofiar. Por ejemplo, cuando quieres ponerte en forma, entonces haces ejercicio, y si te ejercitas 7 días a la semana logras mejores resultados que si entrenas solo 2 días a la semana. Resulta que con la creatividad es lo mismo. Si ejercitamos nuestro "músculo creativo" todos los días, entonces tendremos una capacidad de adaptación al cambio y de creación mucho más rica y poderosa.

Volviendo a la metáfora del ejercicio físico, si dejas de entrenar por meses entonces tendrás que volver a comenzar desde un punto mucho más bajo de desarrollo. Por lo tanto, si todo cambia, todo el tiempo, entonces tú también debes adaptarte a ese cambio, todos los días, sin excepción, hasta el último día de tu vida. De lo contrario solo estarás remando contra corriente.

Una vez que entiendes y aceptas esto, tu vida cambiará para siempre y los beneficios serán vastos, incluso algunos consideran que podrías llegar al epítome de la naturaleza. Como decía Friedrich Schelling, filósofo contemporáneo de Hegel: "El hombre es parte de la naturaleza. Entonces, la creatividad humana es parte de la productividad de la naturaleza. En el hombre, la naturaleza ha logrado tener consciencia de sí misma." Curiosamente, el mismo Schelling, identificó esta evolución o cambio constante en la naturaleza y sus seres vivientes antes que el mismo Darwin.

Conclusión: abraza el cambio y acepta su condición perpetua, haz del cambio tu rutina, toma cada día (sin excepción) como un increíble reto que requiere de toda tu capacidad creativa y ¡ejercita tu músculo creativo!

Así como un edificio puede ser consumido por las llamas de un momento a otro con un solo chispazo; también el mundo puede cambiar con una sola idea. Plaza popular en Gotemburgo, Suecia. Fotografía por Juan Carlos Chávez 2019 ©

El poder de las ideas ¡uf!

"Todas las herramientas del mundo no tienen ningún sentido sin una idea esencial detrás." - George Lois

Mente vs. cuerpo, ideas vs. materia, voluntad vs. representación, son solo algunas de las palabras que se han utilizado para diferenciar nuestra forma de entender y procesar las cosas de las "cosas mismas". Un debate milenario que aún no tiene solución, ya que la línea entre lo que podemos percibir por medio de nuestros sentidos y lo que "en realidad es" es realmente muy delgada y lo más probable es que exista todo un "universo" allá "afuera" que no podemos percibir porque estamos limitados a solo 5 sentidos.

Desde que el hombre tiene consciencia ha tratado de explicar su entorno por medio de conexiones neuronales que llamamos imágenes y palabras. Por términos prácticos, a estas conexiones las llamaremos "ideas" en este libro.

¿Pero por qué dice George Lois, uno de los más grandes creativos en el mundo de la Publicidad, que ninguna herramienta en el mundo tendría sentido sin las ideas?

Si analizamos el mundo con cuidado nos daremos cuenta que realmente no conocemos más allá de nuestra propia percepción de él. Este concepto lo expone brillantemente Platón en su famosa alegoría de la caverna. Básicamente, lo que sugiere es que una persona que ha nacido y crecido en una caverna, donde lo único que ha visto toda su vida son sombras de una fogata aledaña, no puede comprender que hay un mundo más allá de esas sombras y ni siquiera podría imaginárselo. Esto implica que si logramos dar forma a la percepción de otras personas, entonces podemos cambiar su mundo entero. Así, respondiendo a la pregunta antes expuesta, el fin de cualquier herramienta es cambiar y moldear nuestra percepción del mundo. Todo empieza con una idea y termina en otra. Así, nuestro "todo" se encuentra en el mundo de las ideas. De ahí su gran poder.

Una idea puede mover masas, crear y destruir imperios, originar el arma más devastadora del mundo, hacernos sentir todo tipo de emociones, regalarnos la noción de "estar felices" e incluso moldear una sociedad mejor. Sin ellas no tendríamos absolutamente nada.

Cuando hablamos de creatividad es muy importante entender que todo sucede en esta dimensión humana: el reino de las ideas. Y solo ellas tienen el poder de permitirnos adaptarnos al cambio constante, al flujo eterno en el que nos encontramos.

Un gran ejemplo del poder de las ideas es el pensador Karl Marx. Probablemente el caso más claro de cómo las ideas mueven el rumbo de la historia. Marx nació en 1818 en el pueblo alemán de Trier. Básicamente dedicó su vida al estudio y la escritura, primero estudió Leyes, después Filosofía e Historia y escribió su tesis doctoral en Filosofía griega antigua. Entre otros libros, su obra maestra fue *El capital* (1867). Lo que propuso es que la Historia se puede tratar como una ciencia y que por lo tanto al manipular las variables de la fórmula se pueden controlar sus resultados. Consideró que la Historia siempre se repite, primero es una tragedia y luego es una farsa. Utilizó el método hegeliano de tesis, antítesis y síntesis, para sugerir que la síntesis final de la sociedad ocurriría una vez que el proletariado o los miembros trabajadores de la sociedad tomaran el control sobre sus opresores capitalistas y que así se llegaría a un balance armónico. Ahora sabemos que no se llegó a un balance armónico y que realmente solo se crearon tiranías burocráticas de baja producción y pobreza. Sin embargo sus ideas, desarrolladas desde la comodidad de su cuarto de escritura generaron revoluciones en todo el mundo. Tras su muerte en 1883, tan solo 70 años después, algo así como una tercera parte de la raza humana ya vivía con gobiernos que se autoproclamaban "marxistas". Estos incluyeron los países de Europa del Este, toda Rusia y toda China. Nunca habíamos visto un impacto tan grande del mundo de las ideas en tan corto tiempo.

¿Aún te queda alguna duda sobre el gran poder que tienen las ideas?

¡Celebra la vida! Es tan única que si abres bien los ojos podrás encontrar cosas extraordinarias. Esta foto la tomé en Valle de Bravo, México y me sigue asombrando que este árbol literalmente ¡tiene un rostro humano para disfrutar del olor de las flores! O al menos eso es lo que yo veo. Fotografía por Juan Carlos

¡Di que sí!

"El hombre es una cuerda, amarrado entre la "Bestia" y el "Súper-hombre"- una cuerda sobre un abismo-." - Friedrich Nietzsche

El filósofo alemán Nietzsche (1844-1900), ha sido uno de los artistas literarios más reconocidos de la Filosofía. Famoso por romper con lo "políticamente correcto" y por lo mismo un embajador del pensamiento crítico y reflexivo. Recuerdo que una de sus ideas marcó mi vida: decía que es preferible morir como un malabarista celebrando la vida que como un cura celebrando la muerte. Sin duda un concepto con un trasfondo cultural muy complejo que aplica hasta nuestros días. Independientemente de las connotaciones religiosas, vale la pena pensar un poco sobre el sentido de la vida para cada uno de nosotros: ¿vives por amor a la vida o por temor a la muerte? Su heroico estoicismo nos invita a buscar enfrentar las verdades y los hechos más difíciles de nosotros mismos, mirarlos directamente a los ojos, esto para tener la recompensa de vivir la vida por sí misma y solo por sí misma.

Pensemos en la probabilidad de estar vivos en este momento, con estas circunstancias específicas, un instante irrepetible seguido de otros millones de instantes igualmente únicos. Prácticamente la probabilidad de que ese pequeño microsegundo en el tiempo se repita idénticamente es cercana a 0. Ahora, recordando un poco el capítulo de oferta/demanda donde hablamos sobre que el valor que le asignamos a las cosas es directamente proporcional a su carácter único; esto implica que al comprender la irrepetibilidad de nuestro espacio-tiempo en el universo, entonces valoraremos más cada día y nuestro amor a la vida se hará tenaz.

¿Y esto qué tiene que ver con la creatividad? Si nosotros no somos capaces de valorar lo extraordinario de cada instante en el que estamos vivos, entonces no seremos capaces de adaptarnos a lo que la vida misma nos presenta en forma de cambio perpetúo y con el potencial de diseñar el infinito.

Si puedes imaginar y sentir lo especial de esa idea entonces la puedes compartir y materializar en este mundo. Bien lo decía también Nietzche: "no hay hechos, solo interpretaciones", y estas interpretaciones son contagiosas, una cualidad humana que nos hace *sapiens*, la posibilidad de sembrar una idea individual en un colectivo extenso (ya tocaremos más a detalle este punto en siguientes capítulos). En otras palabras, tal y como un artista siente la pasión de su obra maestra primero en su alma y luego a través de su instrumento de creación, así es como cualquier idea capaz de mover el tuétano de tus emociones y razón, también será capaz de trascender hacia otras mentes. Y eso, es el arte de la creatividad en su forma más poderosa y apasionante.

Muchos consideran que Nietzsche fue un pensador muy negativo, justo por su espíritu rebelde. Sin embargo, desde mi punto de vista el positivismo impregna todos sus textos.

Defendía la esencia del hombre en su punto más profundo: "atrévete a convertirte en lo que eres", decía. Esto sin duda implica perder el miedo y luchar por uno mismo, valor que debería ser la base social del siglo XXI. Escucha a tu cuerpo y a tu espíritu, dentro de cada uno de nosotros hay sabiduría acumulada por millones de años, literal.

Desafortunadamente muchos confunden este ideal con la búsqueda insaciable de placer inmediato, uno de los peligros imperantes de la humanidad contemporánea. Escucharte a ti mismo va mucho más allá de un simple "antojo", implica un proceso meditativo que bien podríamos llamar proceso creativo: visualizar una idea de forma controlada y durante largos tiempos. Esto por supuesto requiere de cierta maestría y como lo hemos comentado previamente, es cuestión de "ejercitar" el "músculo creativo" todos los días. De esta forma te entenderás mucho mejor a ti mismo y al mundo que te rodea. Nunca dejes de pensar, es sin duda un privilegio que la naturaleza ha regalado al ser humano.

Por otro lado e inevitablemente, el pensar en convertirse en lo que "uno realmente es" nos adentra en el reinado de una palabra que ha desatado guerras y ha creado civilizaciones: la libertad. Otro mal que nos acecha en el mundo moderno es confundir el significado real de este concepto, al grado de acercarnos al libertinaje. Tras muchos años de meditar sobre este tema, me parece claro que el sentido de la libertad en su forma más pura tiene que ver con nuestra capacidad (o incapacidad) de convertirnos en lo mejor que podemos ser (tomando en cuenta nuestra propia noción individual de lo bueno y malo). Es decir, yo me siento libre cuando tengo la oportunidad de acercarme a lo que yo considero el hombre ideal. Esto es muy diferente a "hacer lo que yo quiera cuando yo quiera", bandera con la cual muchos justifican su divagar sin sentido por las nubes de la existencia.

Friedrich Nietzsche logró influenciar a un sin fin de artistas, entre ellos Bernard Shaw, el cual llamó a una de sus más importantes obras *El Hombre y el Súper-Hombre*. Esta influencia lo llevó a buscar hacer de este mundo algo mucho mejor y decir: "He ganado mi reputación con mi lucha persistente de forzar al público a reconsiderar su moral". Un acto necesario que bien podríamos llamar pilar de la evolución humana. ¿Eres parte del cambio y de la evolución o te esconderás en las paredes de la mediocridad de la rutina?

En resumen, ama la vida, valora su carácter único, abraza el cambio como parte de tu propio ser, celebra tu capacidad de ser lo mejor que puedes ser (libre) y ¡lucha por ti mismo! Solo así podrás entender la fuerza del don creativo que habita en cada uno de nosotros.

De pronto la vida tiene sentido

"La paradoja suprema de todo pensamiento, es el intento de descubrir algo que el pensamiento no puede pensar." - Søren Kierkegaard

El siglo XX trajo consigo una ola de pensamiento existencialista que aceptó el reto de Nietzche de crear sentido en un mundo enfocado en la vida misma y no en lo que sucede después de la muerte.

Independientemente de los dogmas de fe que cada uno podamos tener (es decir, lo que creemos sin necesidad de ninguna prueba lógica), todos podemos intuir que es prácticamente imposible comprender realmente lo que está "fuera de este plano existencial" y que nuestros sentidos no logran percibir. Y así es que nos quedamos con una pregunta profundamente trascendente: ¿qué sentido tiene la vida que conocemos?

Una posible respuesta, que proponen varios pensadores existencialistas como Kierkegaard y Jean-Paul Sartre, es que la clave radica en el mismo individuo y su capacidad de elegir. Se podría decir que encontramos sentido a la vida con base en nuestras decisiones diarias, las cuales dotan de carácter a nuestro espíritu llenándolo de los valores que hemos seleccionado nosotros mismos. Por ejemplo, una de las aportaciones más importantes de Sartre (filósofo y escritor francés,1905-1980), es la consideración de que en un mundo "sin dios", no tenemos otra alternativa más que elegir, y en ese sentido crear nuestros propios valores. Y al hacer esto estaremos creándonos a nosotros mismos.

Esta corriente ideológica nos da la clave para comprender algo muy importante: nos creamos a nosotros mismos. Básicamente esto abre la posibilidad de ser lo que nosotros decidamos ser. Y no solo eso, tal y como lo decía uno de los mejores profesores que he tenido: "trata a alguien como quieras que sea". El "súperpoder" con el que dota Cervantes al Quijote es el de tener la capacidad de crear "realidades" a través de su imaginación, no solo para él mismo, sino también para su inseparable Sancho, que lo acompañó en la épica batalla contra los "malvados molinos de viento". Reitero y quiero enfatizar esta increíble idea: "trata a alguien como quieras que sea".

Partiendo de este contexto, nos damos cuenta de que somos los productores de nuestra propia vida y potencialmente de la de muchos otros también. Esto implica que para encontrar sentido y grandes satisfacciones es muy importante tomar las decisiones correctas. El paso inicial es ser conscientes del poder que todos tenemos entre manos, el poder de crear mundos y realidades con nuestra propia mente. ¿No es esto en realidad lo único que tenemos y de lo que podemos estar más seguros? Llegamos y nos vamos solos de este mundo pero toda la vida nos acompaña nuestra percepción y consciencia de lo que nos rodea, ¡hagamos de ella una obra maestra!

Ahora, lo que necesitamos para convertirnos en los artistas de nuestra propia vida es trabajar en nuestra creatividad. Comprender que cada día presenta un nuevo reto en el que nuestra capacidad de creación y adaptación al cambio se pone a prueba y se "materializa" en decisiones que a su vez conllevan consecuencias y responsabilidades.

Tener una visión amplia, con un set vasto de herramientas intelectuales (conocimiento), nos permitirá modelar nuestra realidad a un nivel que podría superar incluso nuestras propias expectativas de la vida misma. El potencial es infinito e ilumina de sentido cada uno de nuestros pensamientos. De esta forma perderá relevancia lo que pasa después de la muerte, ya que habremos abrazado plenamente el afortunado hecho de que estamos vivos aquí y ahora en un mundo extraordinario.

Por siglos, el ser humano creyó que el tiempo era una constante fija e inamovible. De pronto, Einstein demostró que la luna o cualquier astro, con su campo gravitacional, pueden alterar la percepción del tiempo y que por tanto su valor es relativo. Así se vio la última luna llena de 2018 en Playa del Carmen, México.
Fotografía por Juan Carlos Chávez 2019 ©

El fin del mundo como lo conocemos

"Solo la atrevida especulación puede llevarnos hacia adelante, y no la acumulación de hechos." - Albert Einstein

Después de Newton, Albert Einstein (1879-1955) es el ser humano responsable de una de las revoluciones más importantes en cuanto a la forma en que entendemos nuestro "todo". Físico alemán (vegano por cierto) famoso por que no le iba bien en la escuela y por cambiar al mundo.

Desde el libro *Principia* (1687) de Newton hasta la Teoría general de la relatividad de Einstein (1915), pasaron 228 años. En este periodo de tiempo el hombre creyó haber llegado al conocimiento irrefutable de las reglas de la "realidad" en la que vivimos. Digamos que cuando Einstein propuso sus teorías, esa supuesta "irrefutabilidad" se esfumó. Como cualquier cambio, y más de esta magnitud, se enfrentó a una fuerte resistencia, sin embargo, a través del método científico y cálculos matemáticos se logró comprobar que Einstein (y no Newton) estaba en lo correcto. Lo más interesante de todo esto es que eso no significa que ahora Einstein tenga "la verdad absoluta", de hecho la Física cuántica está desafiando fuertemente sus ideas.

Independientemente de la Física, para el tema de este libro es muy importante entender lo cambiante de nuestras "certezas" o bien de lo que creemos que sabemos con seguridad.

Por ejemplo, es con mucho trabajo que logramos visualizar las cuatro dimensiones en las que vivimos. Las primeras tres que corresponden al espacio, las hemos logrado manipular hasta el punto de lograr inspiradoras pinturas, esculturas o grandes monumentos. La cuarta, que es el tiempo, sabemos de su existencia porque nos lleva, tal y como una ola lleva a un surfista hacia adelante, pero realmente la comprendemos muy poco. No se diga entonces de una 5a, 6a ó 20a dimensión, que muy probablemente pueda existir pero que no somos capaces de percibir por nuestras limitantes sensoriales.

Karl Popper, filósofo austriaco contemporáneo de Einstein, logró desarrollar un sistema ideológico con base en estas ideas nuevas y radicales. Proponía que la realidad existe independientemente del pensamiento humano y corresponde a un orden completamente diferente a la experiencia humana, y por esta razón nunca podremos tener acceso a ella.

Popper también obtuvo gran relevancia en el mundo de la Política, ya que esta misma premisa nos lleva a la conclusión de que no existe una "verdad absoluta" y que si existiera no tendríamos la más mínima posibilidad de conocerla. Es por esto que los sistemas políticos "todo poderosos" que prometen una utopía de "mundo ideal" son un gran peligro, ya que obedecen únicamente a intereses individuales de búsqueda de poder y no a la verdad misma. Argumentos que las democracias modernas han adoptado por convenir a sus ideas.

Uno de los principios básicos de la democracia, que ha demostrado ser de gran utilidad, es que las propuestas deben ser analizadas por la mayor cantidad de personas para realmente hacer equipo y trabajar por el bien común. Mismo principio que está bien fundamentado en la premisa de Popper al proponer que nadie es realmente poseedor de la "verdad absoluta" y por tanto descalificar sistemas políticos como las dictaduras y tiranías que se autoproclaman poseedores del único y mejor sistema que todos "estábamos esperando". Lo mismo sucede con muchas instituciones (religiones, modelos económicos, etc.) e individuos absolutistas que ponen por delante su hambre de poder frente a la búsqueda de la verdad y el bien común.

Al hacer un ejercicio crítico, es evidente que ningún sistema ideológico a la fecha ha logrado identificar la "verdad" en su máxima expresión. Así mismo, al hacer un análisis de la gran ambrosía de corrientes filosóficas, científicas y religiosas a lo largo de la humanidad, podemos darnos cuenta de lo poco que realmente sabemos. Pero no todo está perdido, en el camino hacia la búsqueda del conocimiento, lo que hemos aprendido es directamente útil, muy útil. Al día de hoy hemos logrado combatir con muy buenos resultados hambrunas, epidemias y guerras mundiales. Quién sabe qué más logremos conquistar conforme la humanidad siga aprendiendo. Lo que importa a nivel individual y social es aceptar nuestra ignorancia y siempre estar en búsqueda de sabiduría para adaptarla a este mundo infinitamente cambiante, con inteligencia y aspiración hacia una real evolución.

La semilla que dotó a la humanidad del poder más grande en el Planeta fue la
imaginación, o bien, su capacidad creativa. Esta castaña es una semilla típica de
la zona de Lombardía, Italia. La tomé en un pequeño-gran rincón del mundo
llamado Piazzatorre, It...   Fotografía por Juan Carlos Chávez 2019 ©

Cuando el *Sapiens* conquistó al mundo: la Revolución Cognitiva

"La habilidad de crear una realidad imaginaria con palabras le permitió a un número muy grande de desconocidos cooperar eficientemente. Pero también hizo algo más. Ya que la cooperación a gran escala del ser humano se basa en mitos, la forma en que las personas cooperan se puede alterar cambiando los mitos - contando diferentes historias. Bajo las circunstancias correctas los mitos pueden cambiar rápido. En 1789 la población francesa cambió prácticamente de un día para otro de creer en el mito del derecho divino de los reyes, a creer en el mito de las personas como entidad soberana. Consecuentemente, desde la Revolución Cognitiva, el *Homo sapiens* ha sido capaz de ajustar su comportamiento rápidamente de acuerdo con las necesidades de cambio." - Yuval Noah Harari, autor de *Sapiens*

El *Homo sapiens* por naturaleza busca constantemente ser parte de historias nuevas que lo hagan sentir mejor. Es justo esta habilidad de inventar historias y creer en ellas que ha hecho a nuestra especie crecer exponencialmente. A pesar de que ahora la mayoría cataloga al Neandertal como una especie inferior, la realidad es que eran seres increíblemente fuertes, mucho más grandes y resistentes a condiciones climatológicas extremas que su contemporáneo (en algún momento) el *Sapiens*. ¿Pero entonces por qué desapareció de la faz de la tierra? Lo más probable es que el *Homo sapiens* lo llevó a su desaparición. En combate uno a uno, el Neandertal sin duda habría sido el ganador absoluto, sin embargo no logró organizarse en grupos mayores a unas cuantas docenas (al igual que muchos de los mamíferos de hoy en día). No logró ir más allá de ese número ya que no contó con el poder de la imaginación colectiva. Les fue imposible encontrar un líder que contara una historia lo suficientemente impactante para que los demás la imaginaran y compartieran sentimientos de esperanza que generaran lealtad entre miles de individuos. Justamente esa fue el arma secreta del *Sapiens*. Algunas docenas de Neandertales no tuvieron oportunidad contra miles de *Homo sapiens* organizados.

A final de cuentas, como sugiere el Dalai Lama y la ideología budista, el "yo" y todo lo que creemos que "existe" es en realidad una abstracción de nuestra mente que nos lleva a creer que las cosas existen intrínsecamente (por sí mismas), cuando en realidad solo existen como ideas. En otras palabras, para entender nuestro entorno, inventamos historias, ideas y conceptos, pero no necesariamente la realidad es como creemos.

Se dice que la "percepción es realidad", y con respecto a este punto, el ser humano ha perfeccionado el arte de crear "realidades". Ejemplos hay muchos, empezando por el motor de la economía moderna: las empresas o sociedades anónimas. Son entidades que trascienden a sus fundadores, directores generales, activos, pasivos y clientes porque a final de cuentas son ante todo ideas imaginarias. Por ejemplo, *Coca-Cola* podría perder a todos sus trabajadores, se podrían caer sus instalaciones, podría fallecer su fundador e incluso podrían terminarse todos sus productos, pero la empresa y la marca seguirían existiendo porque en realidad *Coca-Cola* es "solo" una idea en la mente de muchas personas.

Otro ejemplo podría ser la propaganda nazi. Joseph Goebbels, ministro de la misma, comprendió esta condición humana y dirigió una de las historias imaginarias que más impacto ha tenido en la historia de las civilizaciones. Logró convencer a casi todo un país de que el partido nazi sería un nuevo y mejor comienzo, que los judíos debían ser exterminados y que la raza aria era superior. Todo esto solo con ideas, que a través de una muy efectiva comunicación logró implantar en la mente de millones de personas.

Otros ejemplos son tan poderosos como la doctrina Monroe, la Comunidad Europea, el dinero, los números, las películas, los libros, la mitología, los gobiernos, etc.

Todo esto es muy relevante con respecto a la creatividad, esa palabra que logra integrar a su significado nuestra capacidad de adaptarnos al cambio constante. Básicamente, podemos considerar a partir de la información anterior, que los seres humanos más creativos y que logran imaginar y transmitir las mejores historias basadas en sus objetivos, son los *Sapiens* que logran ganar poder en su grupo social y más allá de él.

Esto es interesante ya que, si lo analizamos, sigue ocurriendo hasta el día de hoy. Individuos y grupos han ganado mucho poder inventando las historias correctas. Por ejemplo, han logrado convencer a millones de seres humanos de que existe un sistema de castas que define el valor de una persona, esta es una idea muy vigente en India. Al grado de que muchos de ellos están convencidos de que los matrimonios deben mantenerse entre castas porque es un orden "divino".

Entre otras historias encontramos a las religiones monoteístas, politeístas y dualistas que han logrado unir a cientos de miles de personas con una narrativa que en teoría busca brindar apoyo a los intereses del hombre. Crear estas historias no es tarea fácil, ni tampoco un esfuerzo individual sino resultado de un sin fin de factores sociales y normalmente un reflejo de nuestros miedos y deseos a nivel colectivo, o dicho en otras palabras: creatividad colectiva.

Estas historias son responsables de organizar y mover a millones de seres humanos. Por poner un ejemplo, las primeras religiones trataban de dotar a una fuerza sobrenatural del poder de ayudar con un fin específico, como el hecho de llover. Estas fuerzas típicamente estaban relacionadas con animales y elementos naturales. Posteriormente, las historias comenzaron a obedecer a objetivos más complejos como la búsqueda de la "felicidad" o bien la transcendencia del alma después de la muerte.

En resumen, la Revolución Cognitiva no solo dotó al ser humano con el poder de la imaginación, sino también con el poder de la creatividad; esa capacidad infinita de crear historias y "realidades" que moldean cada segundo de nuestras vidas. ¿Y tú cómo utilizas este don?

Un granito de arena que formaba el cimiento para los pilares de Occidente. Y la

El primer esfuerzo creativo que conquistó mundos en la historia de Occidente

Muchos hablan de ellas, pero muchos más viven un estilo de vida moldeado por sus historias. Pocos las han leído, y muy pocos las han estudiado. Pero *La Ilíada y La Odisea* de Homero son de los primeros testimonios de la humanidad sobre nuestros más profundos miedos y deseos materializados a través de la magia de las letras. ¿Pero por qué son tan relevantes hasta el día de hoy? Si lo pensamos con detenimiento, el ser humano moderno es muy diferente al ser humano de las primeras civilizaciones en cuanto a sus herramientas y su capacidad de manipular el mundo físico. Sin embargo, nuestra psique y biología ha cambiado muy poco, podríamos decir que realmente nada. Es por esto que leyendo estas historias podemos sentirnos aún muy identificados con sus planteamientos.

Es importante entender que un libro no logra trascender miles de años de forma fortuita. Sobrevive al tiempo porque toca fibras tan fundamentalmente impregnadas en nuestro espíritu y de forma tan estética, que logra crear pensamientos aspiracionales. Todos celebramos al héroe / heroína y queremos convertirnos en él / ella desde que tenemos memoria. ¿Y cómo es este héroe ideal? Nombres han habido muchos pero esencialmente es aquel que responde al llamado de la aventura en dirección de lo desconocido, conquista una serie de difíciles pruebas, obtiene conocimiento o "iluminación" y regresa a su lugar de origen para transmitir estas ideas revolucionarias y llenas de esperanza.

Odiseo (de ahí el nombre *La Odisea*), rey de Ítaca, partió de su tierra atendiendo el heroico llamado de la famosa Guerra de Troya. Conquistó un sin fin de pruebas. Por orden del rey Agamenón devolvió a Criseida (botín de Aquiles) a su padre, lo cual desató la ira de Aquiles (así es como comienza *La Iliada*). Ayudó a concretar el combate entre Paris y Menelao. Fue parte muy activa de diversas batallas y se ofreció a pelear contra Héctor (el más temido de los troyanos). Venció a Áyax con ayuda de Atenea. Obtuvo las armas del difunto Aquiles. Y finalmente, llevó a cabo uno de los símbolos más representativos de la humanidad sobre el poder de la creatividad: el plan del Caballo de Troya.

En capítulos anteriores hice referencia a que el poder del *Sapiens* radica en su capacidad de organizarse a gran escala. Pero hay un punto muy importante a considerar: esa capacidad de organización depende de una o varias ideas creativas que logran tejer una red de imaginación colectiva. ¿Acaso no es la historia del Caballo de Troya un esfuerzo común que gira alrededor de una gran idea creativa? Todos conocemos lo que se narra en esta gran leyenda: no importando las circunstancias o los números la imaginación venció a la fuerza bruta. Así, la capacidad de organización y la creatividad fueron la clave para ganar una de las guerras más contadas de la historia.

Después de la Guerra de Troya, a Odiseo le tomó 20 años regresar a su Ítaca con la bella Penélope. En *La Odisea*, pasa otro sin fin de pruebas y las demás etapas del héroe: se reencuentra con su madre y mujer, se reconcilia con su padre, regresa a su tierra con mucho conocimiento y aventuras por compartir y se corona como el héroe que el destino había preparado.

Independientemente de la veracidad de esta historia, la carga simbólica es sumamente interesante. La creatividad como un arma más poderosa que el ejército más fuerte y numeroso. La creatividad como la solución a los problemas más complicados y el puente hacia los sueños más ambiciosos.

EL TRIÁNGULO FUNDAMENTAL

EMPATÍA
CAPACIDAD DE RELACIONARSE CON EL TODO

CREATIVIDAD
ADAPTACIÓN AL CAMBIO CONSTANTE

VISIÓN
INFORMACIÓN INTELIGENTE

FUERZA FÍSICA Y MENTAL

El Triángulo fundamental
Una guía hacia todo lo positivo

Aquí es donde me doy la oportunidad de presentarles un modelo que he creado después de muchos años de investigación teórica y empírica. Y que día a día me representa una herramienta que abre un universo de posibilidades positivas.

Durante siglos hemos tratado de encontrar "fórmulas" que nos permitan ser mejores, más poderosos y más "felices". Y a la par nos hemos dado cuenta de que la mente humana es tan compleja y diversa que no puede encasillarse fácilmente con generalizaciones. Sin embargo, grandes pensadores han coqueteado con la idea de un "imperativo categórico", término con el que Kant se refería a las piezas de información que pudieran ser universales.

Así es como surge un problema epistemológico milenario: ¿existe la objetividad realmente? Muchos de nosotros dividimos nuestros conocimientos en dos categorías: subjetivos y objetivos. Aquellos que parecen ser vigentes sin importar lo que pensemos sobre ellos, serían objetivos. Por ejemplo, la gravedad afecta a todo, sin importar que se crea o no en ella; este sería un concepto "objetivo". Por otro lado, el mundo de las opiniones sería la dimensión "subjetiva"; por ejemplo, si es atractiva o no una persona, o si sabe bien cierto platillo. Incluso se ha propuesto una tercera posibilidad: la intersubjetividad. Esta se refiere a pensamientos que existen en el reino de la mente colectiva. Por ejemplo, el dinero, mismo que obtiene su valor debido a que muchos así lo establecemos y estamos de acuerdo. Un billete vale $100 ó $500 porque así lo aceptamos muchos.

Dicho esto y tomando en cuenta la anterior clasificación, podríamos entonces preguntarnos si realmente existen las leyes universales. Esas leyes que existen dentro y fuera de nuestra mente humana. De entrada, no podemos pensar fuera de nuestra mente, entonces nunca podríamos saberlo, pero bien podríamos suponerlo. A final de cuentas, como lo vimos en el capítulo de "El fin del mundo como lo conocemos", en realidad no podemos estar realmente seguros de nada. Sin embargo, antes de que caigamos en el abismo del nihilismo es importante mencionar que estar 100% seguros no es el factor absoluto para saber que ciertas acciones, hechos y conocimientos pueden ayudarnos a vivir mucho mejor día con día.

Así es como nos dimos a la tarea de identificar fundamentos que empíricamente sabemos que nos ayudan a ser mucho más plenos y "felices". Uno de ellos es, por supuesto, la capacidad creativa. Resulta sumamente interesante evaluar cómo es que esta capacidad resulta ser de lo más positiva para el ser humano.

El Triángulo fundamental es una abstracción de ideas con base en incontables fuentes y áreas de conocimiento como la Filosofía, Psicología, Biología, Sociología, Nutrición, Teología y básicamente todas las humanidades. Su propósito es llevarnos hacia experiencias más positivas de forma constante a lo largo de nuestras vidas. De ninguna manera pretendo que sea tomada como una "ley universal" pero sin duda es extremadamente útil.

PRIMERA DIMENSIÓN: Fuerza mental y física

Empecemos por la base del Tríangulo. Todo comienza por la salud mental y física. Mientras más fuerte sea nuestro cuerpo y mente, mayores los beneficios. Un ejemplo muy sencillo para comprender este punto es que un cuerpo que constantemente hace ejercicio y se alimenta bien, tiene muchas menos probabilidades de padecer negatividad y enfermedades; y muchas más probabilidades de disfrutar de positividad, fuerza, creatividad, "éxito" y "felicidad". Lo mismo sucede a la inversa, un cuerpo o mente que no es saludable, minimiza su potencial y capacidades (incluida la creativa). Suena sumamente obvio, pero sin duda no es una práctica común.

El mundo contemporáneo capitalista promueve la indulgencia: consumir grandes cantidades de alimentos, de muy baja calidad y que generan el mayor placer instantáneo posible. La explicación alrededor de este fenómeno es que el hombre antiguo debía encontrar los alimentos con mayor cantidad de calorías y consumirlos lo más rápido posible por cuestión de supervivencia. Esta programación aún es parte de nuestra biología, sin embargo la disponibilidad de alimentos con estas características hoy en día es constante y las grandes empresas se aprovechan de esto. Lo más importante es obtener información inteligente y ser capaces de comprender lo que nos hace o no realmente bien, más allá del placer instantáneo.

Entonces ¿qué nos hace realmente bien? La respuesta a esta pregunta es una abstracción de la información más avanzada al día de hoy, misma que nos ha costado años de investigación y experimentación. Por cuestiones de temática no profundizaré, pero esto será objeto de análisis de otro libro.

En resumidas cuentas, lo que nos ha hecho bien durante millones de años de evolución, son los alimentos con mayor cantidad de nutrientes del Planeta: los pertenecientes al reino vegetal. O dicho en otras palabras: las frutas, verduras, semillas, legumbres, etc.

¿Y qué es lo que no nos hace bien? Los alimentos llenos de toxinas como químicos, hormonas, antibióticos y descomposición como los alimentos procesados, los animales y los lácteos. Que además no tienen fibra y son sumamente ácidos. Sin lugar a ninguna duda, la nueva "Nutrición Inteligente" cuenta con una infinidad de estudios que respaldan que lo óptimo para el ser humano es una alimentación vegana.

El siguiente punto que hay que comprender con el objetivo de ganar fuerza mental y física es el tema de la hidratación. Es muy común vivir deshidratado, de hecho cuando nos da sed ya es un síntoma de deshidratación. Tomar el agua necesaria para el cuerpo permite que todas sus funciones se realicen correctamente y que la reposición celular sea mucho más eficiente. Toma un mínimo de 3 litros de agua diario.

Consumir nutrientes y una correcta hidratación debe ser complementado con ejercicio constante. Ejercita tus 8 grupos musculares todos los días. 7 días a la semana es mejor que 6, 6 es mejor que 5, 5 es mejor que 4 y así sucesivamente.

Tener una hidratación adecuada, consumir nutrientes, evitar toxinas y hacer ejercicio es sin duda una fórmula que te traerá muchísimos beneficios de salud para tener un cuerpo y mente fuertes. Esto abre paso a la siguiente dimensión del triángulo: Visión.

Cuando logras ver todo "desde arriba" con información inteligente y una perspectiva amplia, entonces puedes comenzar a entender el acto creativo. Fotografía por Juan

SEGUNDA DIMENSIÓN: Visión
(Información Inteligente)

"Gran parte de nuestra planificación es como querer nadar en una quebrada seca." - Patrul Rinpoché

Primero obtén la mayor cantidad de información inteligente, y después piensa "fuera de la caja".

El actual Dalai Lama, le llama "Visión penetrante". Básicamente se trata de obtener información inteligente, reflexionarla, analizarla y adecuarla en diferentes contextos para obtener toda la sabiduría posible.

Con respecto a esta dimensión resulta muy interesante revisar dos importantes conceptos:

Por un lado, ya mencionamos el tema de la intersubjetividad. Este mundo de ideas que se convierten en "realidad" por el hecho de que muchos humanos las creemos o las respetamos. Las religiones y sistemas económicos son un muy buen ejemplo, también las sociedades anónimas y muchas otras ideas que cobran sentido una vez que creemos en ellas y muchos nos ajustamos a sus reglas. Dentro de esta red intersubjetiva también se encuentra la Historia y básicamente toda la información que hemos logrado recopilar y documentar como humanidad a lo largo de nuestra existencia. Resulta que dicha información, aunque son "solo palabras" es muy útil para cuestiones prácticas y nos ha permitido grandes avances en todas las áreas de interés humano. En este sentido, a lo que la Visión se refiere es a buscar y obtener dicha información al máximo de tus posibilidades.

Sin duda, a lo largo de la historia, los genios creativos han sido también personas extremadamente cultas, incluso "sabios" en muchos y diferentes temas. Mientras más información tengas mejor. Al igual que la parte de cuidarse, comer bien y hacer ejercicio, el obtener información inteligente no es algo que pase de un día a otro. Si lees 5 páginas todos los días sin excepción entonces leerás aproximadamente 10 libros al año. Si lees 20 páginas al día entonces serán 40 libros. El truco está en la constancia. ¡Infórmate y aprende todos los días!

Por otro lado, encontramos uno de los fundamentos más importantes que expone el budismo: nuestra capacidad de vernos como "realmente somos". Esto, según dicho sistema ideológico se logra a través de la meditación y al apartarnos de nuestros pensamientos y sentimientos más primitivos. En otras palabras, buscando ver el mundo fuera de lo que pensamos que es el "yo".

Con este fin, resulta muy enriquecedor reflexionar sobre lo que es el "yo". La respuesta más común sería que somos un organismo formado por "cuerpo y mente".

Entonces podríamos preguntarnos: ¿Si me falta una parte del cuerpo sigo siendo "yo"? ¿Hasta qué punto puedo quitarme partes del cuerpo y seguir siendo "yo"? Y sobre la mente, todos nos sentiremos identificados con decir "me falló la memoria" como si la memoria fuera una parte externa a ti mismo. O "me traiciona la mente" igualmente como si no tuviéramos control sobre ella. Y más extremo aún, ¿qué es realmente la mente? ¿Un conjunto de neuronas haciendo sinapsis? ¿Sin cerebro hay mente? ¿Se llamaría entonces diferente? ¿Por ejemplo alma? Y si el alma no es parte de la mente o del "yo" entonces ¿qué es? Podríamos continuar infinitamente con esta retórica pero al final de cuentas la enseñanza más poderosa es comprender que nada existe por sí mismo, si no que todo (incluyendo el "yo") es un conjunto de partículas y hechos pasados y presentes que desembocan en la realidad como la conocemos en el momento presente.

Poniendo un ejemplo más sencillo, podemos hacer este ejercicio con otros elementos además del "yo" y nos daremos cuenta de la misma conclusión. Una mesa, por ejemplo, es un conjunto de partes, aún en su forma más sencilla, que consta de patas y base: ¿Sin las patas ya no es una mesa? ¿Sin la base ya no es una mesa? ¿Dónde está la línea entre solo un pedazo de madera y una mesa? Dicha mesa no "existiría" sin nuestro concepto mental de mesa y sin el carpintero encargado de hacerla. Entonces nos damos cuenta de que la mesa realmente no existe por sí misma sino que es una parte de un todo formado por diferentes elementos y momentos pasados que hacen una realidad presente que nosotros mismos representamos mentalmente.

Ahora, ¿de qué nos sirve comprender este concepto tan interesante? Nos ayudará a tener una visión de la "realidad" como nunca antes la hemos tenido, nos daremos cuenta de que todo está conectado y que nuestra mente solo nos enseña una pequeña representación del todo. Lograremos ver "fuera de la caja", siendo la caja nuestra propia mente.

Una vez que seas capaz de liberarte de las cadenas de la ilusión del "yo", tu capacidad creativa podrá expandirse. Nada es más nutritivo para el acto creativo que aceptar nuestra insignificancia dentro de un universo tan extenso y aceptar nuestra ignorancia frente a él. Solo entonces estaremos listos para crear sin las ataduras más primitivas de nuestro ser.

Lo que vemos es solo un fragmento desde un punto espacial y temporal muy específico en Gotemburgo, Suecia. Un segundo después el panorama cambió para siempre. Así sucede con todo. Hacer del cambio infinito y constante un aliado es en esencia tu capacidad creativa. Fotografía por Juan Carlos Chávez 2019 ©

TERCERA DIMENSIÓN: Creatividad

"Igual que uno se destruye mediante una alimentación errónea, y consigue en cambio una larga vida libre de enfermedades, llena de fortaleza y placeres mediante una alimentación correcta; uno se destruye mediante la percepción errónea, pero obtiene felicidad e iluminación suprema mediante la percepción correcta." - Nagarjuna, La preciosa guirnalda

"En el Siglo XXI la ficción podría convertirse en la fuerza más potente de la Tierra, sobre-pasando incluso a los asteroides y la selección natural." - Yuval Noah Harari, *Homo Deus.*

Una vez que procuramos tener salud física y mental y cultivamos una visión amplia e independiente ¿qué hacemos con ella? La realidad es que ni todo el conocimiento del mundo es útil si no lo adaptamos al contexto presente. Esa capacidad de adaptación al cambio constante es la creatividad que existe en cada uno de nosotros.

El motor de la ficción es la creatividad. Si lo pensamos con detenimiento, cada uno de nosotros vive en una "ficción" perpetua. Sistemas de creencias que permiten que no perdamos la razón y tengamos una sensación de "control" o "entendimiento" de la realidad que nos rodea. El nombre de la ficción del momento cambia con el tiempo y de persona a persona. Cuando es una ficción compartida por otros seres humanos solemos llamarle religiones o sistemas ideológicos, y cuando es una ficción individual entonces le llamamos comúnmente espiritualidad.

¿Cuál es la diferencia entre religión, sistema ideológico y espiritualidad? La explicación más sencilla es comprender que las religiones tienen un sistema de reglas que llevan a un fin último "ideal" que la misma religión define (llegar al cielo, por ejemplo). En cambio, la espiritualidad no tiene un sistema de reglas "intocable" ya que tampoco tiene un fin último definido; simplemente parte de cuestiones fundamentales como ¿qué es el yo? o ¿cuál es el sentido de la vida? y dichas preguntas te llevarán por un camino impredecible. Por último, un sistema ideológico normalmente sí tiene reglas y fin último, sin embargo suele proponer que está libre de dogmas (algo que se cree sin necesidad de pruebas). Digo que solo lo propone porque un sistema estricto de ideas que pretenden ser una "verdad absoluta" (como el Comunismo, por ejemplo) tiende a caer en dogmas inevitablemente, pero a final de cuentas esa es la diferencia propuesta.

Todos estos conceptos, tanto las religiones, los sistemas ideológicos y la espiritualidad, pertenecen al reino de la "ficción", nos guste o no aceptarlo. Nadie le llamará ficción a sus propias creencias, pero lo vemos claramente cuando observamos las creencias de otras personas. Ojo, esto no significa que la ficción no pueda ser sumamente positiva, aunque también puede ser negativa, eso depende de muchas cosas, sin embargo ese no es el tema de este libro.

Lo importante en este punto es darnos cuenta que la vida de cada uno de nosotros se rige por diferentes "ficciones" que afectan cada una de nuestras decisiones y acciones. El poder de las ideas es todo lo que realmente somos capaces de procesar y esas ideas crean ficciones que intentan explicar la realidad de la mejor forma posible. Aquí es donde se pone realmente interesante, porque a final de cuentas podemos moldear esas "ficciones" para nosotros mismos o para los demás con el fin de convertirlas en ideas súper poderosas. Ese justamente es el poder de la creatividad individual.

Muchos personajes a lo largo de la historia nos han conmovido de tal forma que han dado paso a nuestras propias ficciones con ideas tan poderosas que trascienden en el tiempo. ¿Cómo quiénes? Jesús, Buda, Mohamed, Sócrates, Platón, Santo Tomás de Aquino, Kant, Nietzsche, Einstein, Newton y muchos más. Todos ellos genios creativos que han logrado hacer de su propia ficción (sea o no una "verdad absoluta") una fuerza colectiva que trasciende tiempo y espacio.

Sin duda, esto también aplica en menor escala, ya que una sola persona o idea puede cambiar la forma en que ves el mundo en un instante. Igualmente, tú mismo puedes cambiar tu mundo entero, ¿cómo? adaptando constantemente tu conocimiento a tu realidad presente y creando nuevas y únicas formas de pensamiento que sirvan de trampolín hacia cualquier objetivo: siendo creativo.

Todo lo que conocemos empieza y termina en la mente.

No hay nada que ilumine más el poder de la empatía, que la relación entre un bebé

CUARTA DIMENSIÓN: Empatía

"Cuando se analizan individualmente los fenómenos como carentes de ser y se medita sobre lo analizado, he ahí la causa que conduce al fruto, al nirvana. No se consigue la paz por medio de otra causa." - Buda

¿Por qué necesito empatía para ser feliz si la felicidad es individual? Si esto es lo que piensas tal vez no te has dado cuenta de que todo, absolutamente todo está conectado. En este punto podemos comprender que lo que crees que es tu "yo" no es más que una imagen mental que tu cerebro produce para poder hacer sentido de ti mismo. Incluso esta conceptualización cambia con el tiempo, no es lo mismo lo que piensas que es tu "yo" a los 8 años y a los 45 años. Si lo analizamos con cuidado nos daremos cuenta que cada uno de nosotros somos producto de un sin fin de acontecimientos previos que nos llevaron hasta lo que conocemos como el presente y que ese presente cambia cada segundo hacia el futuro.

Lo que sabemos hasta ahora es que hace aproximadamente 13.5 miles de millones de años la materia y la energía aparecieron tras una aparente megaexplosión llamada Big Bang en la que los átomos y las moléculas surgieron. Después de una larga expansión se formó el planeta Tierra, hace 4.5 miles de millones de años. Dentro de ella sucedieron una serie de acontecimientos afortunados que permitieron la aparición de organismos vivos hace 3.8 miles de millones de años. Después de otros miles de millones de años, la evolución y la selección natural hicieron su parte y hace 6 millones de años existió la última abuela en común entre los chimpancés y los humanos. El tiempo siguió su curso y hace 2.5 millones de años surgió el género *Homo* en África y desarrolló las primeras herramientas de piedra. Fruto de la evolución en el este de África, apareció por primera vez el *Homo sapiens* hace solo 200,000 años. Continuamos con la Revolución Cognitiva hace 70,000 años cuando el hombre logró crear historias y compartirlas, aquí fue cuando comenzó la historia del hombre. Tras decenas de miles de años llegó la Revolución Agrícola cuando el hombre se volvió sedentario hace tan solo 12,000 años. Derivado de esto comenzamos a organizarnos en reinados; el dinero, la escritura y las religiones politeístas nacieron hace 5,000 años. Otros cuantos miles de años transcurrieron y se dio la Revolución Científica en donde el hombre acepta su ignorancia y lucha por el saber para ganar poder. 200 años después la Revolución Industrial trae un mundo mucho más parecido al que conocemos hoy en día, desafortunadamente y en conse-cuencia comienza a devastar el Planeta a un ritmo muy acelerado. Hace 36 años, con 4,600 millones de seres humanos, en algún lugar de lo que conocemos como México, y en un momento específico del tiempo mis padres se conocen y deciden tener un hijo. Al día de hoy, con casi el doble de seres humanos en el mundo (7,700 millones) mi vida ha pasado por 12,960 días, los cuales han formado con cada hecho y experiencia lo que en este momento entiendo como "yo". Si cualquiera de estos acontecimientos no se hubieran dado, o bien hubieran sucedido ligeramente de otra forma, mi "yo" o bien no existiría o sería completamente distinto. Conclusión: somos la causa de la interacción de cientos de miles de millones de millones de millones de partículas y microsegundos.

Si con esta visión no nos damos cuenta de que nada existe por sí mismo y de que absolutamente todo está conectado en tiempo y espacio, entonces no sé con qué podría quedar más claro.

Ahora, ¿de qué te sirve estar consciente de esto? Muy fácil: todas tus acciones así como todo lo que pasa a tu alrededor te afecta directamente. Todos somos uno y uno somos todos. Y entonces si haces algo que crees que está "bien" lo más probable es que el impacto de esa acción sea algo que consideres positivo. Y viceversa, si haces algo que tu entiendes como "malo" entonces lo más probable es que las consecuencias de esa acción tengan la misma naturaleza y por lo tanto te afecte en negativo.

Prácticamente todas las religiones y sistemas filosóficos en la historia de la humanidad han dado una gran importancia a la empatía; no solo porque somos seres sociales, sino por este principio básico que acabamos de establecer. Todo lo que hagas y todo lo que afectes tiene consecuencias directas en ti mismo. Realmente no es ningún secreto y no lo ha sido tampoco durante miles de años.

Lo que sucede es que todo esto se nos "olvida" en el momento que nuestro placer inmediato se ve amenazado al elegir la empatía. Un ejemplo perfecto sería lo que pasa cuando alguien pide una hamburguesa, ya la gran mayoría sabe que no es algo bueno para su salud y que además esa carne proviene de un animal que fue tratado y asesinado muy cruelmente. El 99% de la humanidad elige el placer antes de la empatía en este caso en particular. Solo un 1% de los seres humanos al día de hoy es vegano.

¿Qué tiene que ver entonces la empatía con la creatividad? Si el acto creativo depende de nuestra capacidad de adaptarnos al cambio constante del contexto en el que vivimos, entonces no considerar y comprender al máximo posible nuestro contexto, simple y sencillamente nos hará analfabetas creativos.

La empatía por otro lado no es un valor absoluto que se tiene o no al 100%. Todos sentimos y practicamos la empatía constantemente, lo importante será practicarla al mayor grado posible, para entonces no solo ser creativos sino también atraer lo que cada uno de nosotros considera como positivo.

Comenzamos este capítulo con una pregunta, la cual, tras comprender todos estos puntos debería cambiar por: ¿cómo podría ser feliz solo pensando en mí y no en todo lo que sucede a mi alrededor y que también está conectado a mí?

II. ¡DISPARA TU CREATIVIDAD!

Llegamos a un punto del libro en el que es muy importante comenzar a ejercitar ese músculo creativo que todos tenemos.

Para esto debemos recalcar que, como cualquier músculo, la constancia en el "entrenamiento" será clave para llevarlo al siguiente nivel. ¿Pero cómo podemos ejercitarlo? Muy fácil: por medio de la reflexión y el pensamiento crítico, ¡cuestiónalo todo!

Muchos piensan que el proceso creativo es un momento de ¡eureka! en donde en una fracción de segundo y de la nada, tenemos una gran idea. La realidad, y lo que nadie dice, es que para llegar a este momento en específico hay todo un contexto que implica pensar mucho, durante días, a veces meses e incluso años y décadas. Por ejemplo, cuando hacemos una campaña de publicidad, le pido al cliente respetar los tiempos en la medida de lo posible. No porque estaré pensando en una idea en particular durante horas, sino porque estaré pensando en una serie de ideas en particular, relacionadas con la tarea, durante varios días en muchos momentos. Eso es lo que implica llegar a una gran idea.

Recuerdo muy bien una entrevista a Bob Dylan, en la cual le preguntaron sobre el proceso que implicó hacer algunas de sus grandes canciones y su respuesta fue muy interesante. Básicamente dijo que sus mejores canciones las había escrito en menos de 30 minutos. Aquí es cuando se piensa que debe tratarse de un talento nato con el que espontáneamente el genio florece. Lo que no se toma en cuenta es que al escuchar detenidamente las palabras y entrevistas realizadas a algunos de estos grandes compositores que han logrado conectar con millones de personas a través de su música, es posible darse cuenta de que su opinión es muy clara en una gran cantidad de temas. Eso significa que son personas que están constantemente cuestionando y pensando todo, durante toda su vida. Y solo entonces, tras mucha reflexión llegan esos 30 minutos donde ¡listo! tienes una súper canción, hasta podría parecer fácil, pero definitivamente no lo es.

Dicho esto, hagamos un ejercicio crítico con algunas de las frases más interesantes de George Lois, uno de los genios creativos contemporáneos (nacido en 1931 en Nueva York) que ayudó a crear lo que conocemos como el Marketing moderno. Esto con el fin de darte una chispa que prenda tu creatividad.

1. *"Todas las herramientas del mundo carecen de sentido sin una idea esencial."*
- George Lois

Hemos dicho una y otra vez a lo largo de este libro que la creatividad es el arma más poderosa del mundo y lo hemos justificado con múltiples argumentos. Pero vale la pena mencionar que la podemos fragmentar para identificar partes más pequeñas que la conforman. Por ejemplo, el cuerpo está constituido, en el más evidente de los niveles por pies, piernas, torso, brazos, manos y cabeza. Además esas partes están conformadas por piel, grasa, músculo, nervios, hueso y tuétano. Después esas mismas partes están hechas de tejidos que a su vez forman las células. A las células las integran una membrana, mitocondria, citoplasma, ribosomas, núcleo, etc. A éstas mismas las conforman moléculas como el hidrógeno, oxigeno, etc. A las moléculas a su vez las forman los átomos. A los átomos los forman los electrones, protones y neutrones. A estos mismos los forman los quarks. A los quarks los forman los gluons. Y hasta aquí ha llegado la Física moderna. Si les interesa saber más sobre este micromundo les recomiendo un excelente libro del fallecido genio Stephen Hawking que se titula *Historia del tiempo, del Big Bang a los agujeros negros.*

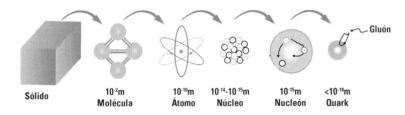

Sólido 10^{-2}m 10^{-10}m 10^{-14}-10^{-15}m 10^{-15}m $<10^{-18}$m   Gluón
       Molécula   Átomo   Núcleo   Nucleón   Quark

Ahora, ¿cómo podríamos descomponer de la misma manera el concepto de creatividad? Partiendo de la propuesta que define a la creatividad como la capacidad para adaptarse al cambio constante, entonces la creatividad es una capacidad o poder del cerebro. A su vez, el cerebro funciona con millones de neuronas conectadas, las cuales transmiten señales eléctricas que el mismo cerebro interpreta y que llamamos ideas.

¿Serán las ideas solamente un proceso de sinapsis neuronal que nuestro cerebro produce a un nivel meramente físico o bien son una energía metafísica que no logramos comprender aún? Hasta aquí llega la Física, la Filosofía, la espiritualidad y las religiones modernas. Realmente no sabemos con "seguridad" nada más allá de esto. Tal vez porque la Psicología moderna se ha limitado al estudio de la mente de sociedades "WEIRD" (siglas del inglés Western/occidentales, Educated /educadas, Industrialized /industrializadas, Rich /adineradas y Democratic /democráticas). Tal vez si estudiáramos a fondo la mente y la capacidad de consciencia de otros animales o personas espiritualmente avanzadas o "iluminadas" tendríamos más información. O quizás simplemente no somos capaces de comprender más allá. Pero la realidad es que en este punto podríamos concluir que la parte más pequeña que conocemos de los elementos que conforman a la creatividad son las ideas.

Es por esto, que las ideas son una especie de "gasolina" para el motor creativo y mental. Sin ellas no seríamos capaces: de usar ninguna herramienta, imaginar mundos que crean una realidad intersubjetiva, relacionarnos, ser conscientes de nosotros mismos, adaptarnos y simplemente no existiríamos como nos conocemos. Nunca subestimes el poder de una idea.

2. "Toda la creatividad debe de comunicarse en un nano-segundo." - George Lois

Sin duda el crédito de las grandes ideas en la historia de la humanidad no se lo llevan necesariamente los creadores, sino los que saben comunicarlas.

De nada te servirá dar con una idea que potencialmente puede cambiar al mundo si no logras compartirla. ¿Y qué tiene que ver el tiempo de comunicación con esto? Vivimos en una era en la que estamos constantemente bombardeados por una inmensa cantidad de información todo el día, todos los días. Los mensajes que más impactan son aquellos que inspiran desde el primer momento. Ya no es suficiente compartir argumentos para que una idea trascienda, debemos emocionar con ella, y las emociones se dan de un segundo a otro. Sin duda la síntesis es un proceso muy demandante y difícil. Como dijo alguna vez Abraham Lincoln: "Siento no haber podido escribir una carta más corta, pero no tuve el tiempo".

¡Piensa largo y escribe corto! Vivimos en un mundo que es movido por las emociones y las experiencias. El humanismo liberal se ha encargado de abrirse camino durante siglos para convencernos de que nuestras corazonadas y sentimientos son lo más importante. ¡Sigue a tu corazón! diría un clásico humanista liberal. Lo que tal vez no estaría tomando en cuenta es que el Marketing y la Política moldean esas "corazonadas" todos los días. ¿Eso las hace más o menos válidas? Podríamos hacer una extensa lista de argumentos alrededor de esa pregunta, sin embargo ahora lo importante es entender el peso que le damos a nuestros sentimientos hoy en día.

Ahora bien, sin dictar un juicio ético sobre esta realidad, y dicho muy "objetivamente", si quieres comunicar una idea y que trascienda entonces tendrás que tocar las fibras emocionales o intelectuales más profundas de los seres humanos. Y para llegar a las emocionales tendrás que convencer en menos de un segundo, ¡incluso a ti mismo con tus propias ideas! Tal vez no debamos tomar literal "menos de un nano-segundo" sin embargo, mientras más síntesis y claridad des a tu idea creativa, más impacto tendrá.

3. *"No esperes que una idea creativa salte de tu computadora."* - George Lois

Como lo hemos expuesto anteriormente, la creatividad no es solo un segundo en el tiempo en el que mágicamente se alinea tu percepción y encuentra sentido. Es en realidad un proceso producto de una larga colección de momentos e interacción molecular física, igual que el presente y el futuro. Nada existe por sí mismo. Por lo tanto, esperar que espontáneamente una gran idea creativa salte de tu computadora es como esperar ganarse la lotería sin comprar un boleto. Dar tiempo al proceso es fundamental para crear.

El apego que hemos generado con los dispositivos digitales, al igual que cualquier apego, puede ser muy negativo. Si bien son una extraordinaria herramienta, también debemos comprender que al día de hoy la capacidad creativa del hombre es aún más poderosa que la de las computadoras, al menos hasta ahora. Y por lo tanto un buen consejo sería: escucha a tu mente, sabe más cosas de las que crees.

4. "Una moda es siempre una trampa."
- George Lois

Muchas personas, cuando escuchan la palabra creatividad, la relacionan ya sea con Publicidad o bien con modas. Es muy común creer que estamos siendo creativos por seguir una nueva moda, pero en realidad estamos solo siguiendo ciegamente una idea creativa de alguien más y que otros están siguiendo también.

Nuestra mente nos juega esta clase de trucos constantemente, busca el camino corto o fácil para ahorrar energía. Podría incluso decirse que lo hacemos instintivamente por impulso de supervivencia. Un antídoto sería trabajar en nuestro control mental para dominar nuestros pensamientos y no que nuestros pensamientos nos dominen a nosotros. Para esto podemos practicar un clásico ejercicio de meditación budista imaginando una imagen estática en nuestra mente sin permitir que ninguna otra idea o imagen se interponga durante largos periodos de tiempo. Por ejemplo: siéntate con la espalda recta, cierra los ojos, imagina que ves la cabeza de un "buda" (u otra imagen de tu elección) a unos 50 cm de distancia, trata de que esa imagen no tenga movimiento y no permitas que ningún pensamiento diferente pase por tu mente. Puedes empezar con 5 minutos, al principio va a ser muy difícil lograrlo porque intentará salir todo el "ruido" interno de tu cerebro. Pero conforme lo practiques será cada vez más fácil hasta que logres dominarlo. Entonces estarás aprendiendo a dominar tu mente. Esto te servirá no solo para evitar caer en la trampa de buscar el camino más corto, sino para técnicas muy poderosas como entender y controlar tus pensamientos y tus emociones.

Un sin fin de estudios estadísticos han demos-trado que la causa número uno de accidentes de coche es manejar enojado. Si supiéramos controlar nuestro impulso de enojo y demás emociones negativas entonces no solo disminuirían más de 60% los accidentes automovilísticos, si no que probablemente también dejaríamos de destruir el Planeta, tendríamos mucho más empatía entre nosotros y con los animales y sin duda este sería un mundo mucho mejor.

El controlar nuestra mente y nuestras emociones no es un tema nuevo. Daniel Goldman con su libro *Inteligencia emocional* (1995) es considerado uno de los pioneros de Occidente en el tema. Sin embargo, Oriente nos lleva mucha ventaja con respecto al estudio del espíritu y la mente. Una ventaja de literalmente miles de años. En el budismo podemos encontrar una literatura riquísima en "tesoros" ideológicos que nos llevan al control mental, incluso al grado de comprender técnicas que pueden simular estados de consciencia similares al momento de la muerte, entre los pasajes del sueño profundo, el sueño ligero y el despertar. Los grandes yoguis buscan justamente dominar el "estar conscientes" en esos estados, lo cual les permite una maestría en el control mental. Tal vez lo estamos llevando muy lejos, pero quizá no, ¿acaso no sería razonable que cada ser humano tuviera el máximo control mental y entrenara su mente para la vida misma y para el momento de la muerte?

Existe sin duda una íntima relación entre nuestro poder creativo y nuestro control mental, no existe una sin la otra.

v5. *"La creatividad no se crea, está ahí para encontrarla, es un acto de descubrimiento."* - George Lois

Echa un vistazo por la ventana que siempre ha estado ahí en tu casa u oficina, pero ahora hazlo detenidamente y date cuenta a detalle de todo aquello que no sabías que estaba ahí. Lo mismo pasa con nuestra mente. Almacenamos tanta información que es imposible ser conscientes de todo lo que llevamos dentro.

Tal vez esa es la función principal del inconsciente freudiano: almacenar información valiosa. Sin profundizar en este concepto de la Psicología moderna, podríamos concluir que sabemos mucho más de lo que a veces creemos. ¡Usa ese conocimiento! Dale forma, analízalo, compleméntalo con nueva información y experiencias, evoluciónalo, mejóralo, no lo dejes abandonado, descúbrelo, ¡piénsalo!

Una manera muy común de lidiar con los problemas es simplemente no pensando en ellos. Yo diría que hay momento para todo. Si bien al tratar de conciliar el sueño no es un buen momento para hacer un listado de problemas, eso no significa que no haya momentos en los que analizar tus problemas sea un ejercicio inmensamente positivo. Ordena tus ideas, no caigas en el abismo de la confusión y las ideas reprimidas, valora tu poder de pensamiento y tu fuerza creativa. Todos los seres humanos somos un organismo extraordinario capaz de almacenar e interpretar información y utilizarla para encontrar nuevas ideas. Justamente esto, actualizado todos los días y alineado al cambio infinito y constante: es tu talento creativo.

6. *"El trabajo en equipo podría funcionar para construir un granero, pero no puede crear una gran idea."* - George Lois

Escucha absolutamente todo lo que alguien más tiene que decir. Como hemos visto en varios capítulos, cada cabeza es un universo diferente y tenemos mucho que aprender de cada uno. Sin embargo, a la hora de ser creativos, esto se vuelve un trabajo individual. ¿Por qué? Imaginemos una orquesta, cada instrumento tiene una aportación muy valiosa en cada interpretación, pero sin un tempo y un director que lo siga no tendríamos más que ruido. Es trabajo del director de orquesta hacer que cada sonido forme en unísono una obra maestra. Lo mismo sucede con una idea creativa y cada uno (individualmente) somos el director de orquesta.

Es un error común, tal vez producto de no tener confianza en nosotros mismos, el preguntar a otras personas sus opiniones sobre nuestras ideas y tratar de aplicar todas hasta crear lo que yo llamo una "idea Frankenstein". Vaya que es importante escuchar opiniones, pero eso no significa que hay que aplicarlas ciegamente "parchando" el proceso creativo. Hay que aprender a escuchar y a utilizar esas opiniones para realmente complementar tu idea creativa. También cabe aclarar que no es una regla aplicar todas las opiniones, habrá necesariamente unas más valiosas que otras.

7. *"El trabajo es un culto."* - George Lois

Simple y sencillamente una gran idea creativa no existe sin trabajo de por medio.

Las culturas nórdicas comprenden muy bien que una buena planeación y trabajo duro son necesarios para sobrevivir. Los devastadores inviernos han enseñado a estos pueblos a ser muy previsores y trabajadores. De otra forma morirían congelados. Ese contexto particular genera una diferencia cultural clara con los pueblos latinos, por ejemplo. Mientras más cercano al trópico, más fácil le ha sido al ser humano encontrar alimento o refugio, y además, el calor lo lleva a usar su energía de una forma más pasiva. Por esta razón no es sorpresa que los habitantes de países "tropicales" tengan una vida normalmente más relajada.

Pero la realidad es que estas diferencias culturales producto de la evolución humana son cada vez menos prácticas. En un mundo donde el flujo de información es ensordecedor, los "inviernos nórdicos" son las presiones del mundo contemporáneo, y si no trabajas duro puede destruirte. Pero no todo está perdido, justo tu capacidad activa de adaptarte al cambio infinito y constante te llevará naturalmente a "surfear" la ola de presiones y no dejarte ahogar por ella. Trabajar duro no es un castigo, es una costumbre y un privilegio que trae infinitas satisfacciones y beneficios. Trabajar duro es el medio que te permitirá llegar a tu estado creativo más poderoso. Sin miedo y sin excusas, ¡conquista tu yo creativo! Sin trabajo duro no puede existir una gran idea creativa.

Paradójicamente, en los últimos años los países escandinavos han sido fieles promotores de jornadas de trabajo más cortas. Este interesante fenómeno es realmente consecuencia del humanismo liberal moderno que propone que las experiencias humanas son lo más valioso. Por lo tanto, mientras más corta la jornada laboral, tendrás más tiempo de coleccionar nuevas y mejores experiencias. Independientemente de las horas "oficiales" y "obligatorias" de la jornada laboral, cualquier objetivo que queramos lograr, ya sea personal, profesional o un simple *hobbie*, el trabajo duro será pieza clave para lograrlo.

8. *"Cualquier gran idea creativa que debe de sorprender momentáneamente, debería parecer escandalosa."* - George Lois

¡Lleva todo al infinito y más allá! Cuando te planteas límites te encierras en una caja que contradice la propia esencia del proceso creativo. Imagina todo lo que nos hace falta aprender como humanidad y la infinidad de grandes ideas que tenemos por descubrir. Definitivamente no las vamos a encontrar pensando dentro de una burbuja. Atrévete a escandalizarte a ti mismo, a salir de la rutina, a romper paradigmas, prejuicios y destruye el *status quo*. Sorpréndete a ti mismo todos los días, abraza el cambio, hazlo tuyo. No pierdas tu tiempo pensando que la respuesta está en el pasado, en realidad lo único que tienes enfrente es el futuro, y el mundo es tan cambiante que nada volverá a ser igual nunca. Valora la irrepetibilidad de cada momento y vuélvete parte del cambio infinito y constante.

¡Ten criterio y lucha por ti mismo! FIN.

Ahora olvida todo lo que has leído como una verdad parcial o absoluta, comprende que es parte del pasado y es momento de actualizarla para adaptarla al mundo del presente y del futuro que cambia constante e infinitamente: ¡sé creativo!

CONSIDERACIONES FINALES FUTURISTAS

EL FUTURO Y LA CREATIVIDAD
- DATAÍSMO

"En el Siglo XXI los sentimientos ya no son los mejores algoritmos del mundo." - Yuval Noah Harari

Si crees que el Capitalismo le ganó al Comunismo por una cuestión ética o puramente económica, puede que estés equivocado. La razón principal se encuentra detrás de la capacidad de procesamiento de una mayor cantidad de datos, lo cual posibilita una mejor y más eficiente reacción. Es decir, muchas cabezas distribuidas procesando información, regulando el mercado o bien el sistema político es mejor que unas cuantas centralizando el proceso de información.

Por ejemplo, en las economías comunistas normalmente una o bien unas cuantas cabezas líderes tomaban decisiones sobre cómo distribuir y lanzar productos al mercado; uno de sus grandes problemas era saber cuándo y dónde se requeriría un producto con mayor o menor frecuencia. Esto originaba largas filas para adquirir productos básicos. Ese pequeño grupo de personas se veía normalmente rebasado por la gran cantidad de información que se debía tomar en cuenta para tomar decisiones. Por otro lado, en el Capitalismo, el libre mercado permite a millones de cabezas procesar más información al unísono, es lo que Adam Smith llamaba "La mano invisible". Que realmente no es más que un sistema de procesamiento de información distribuido.

La realidad es que tanto en el pasado, el presente y muy probablemente en el futuro nuestra capacidad de obtener información y procesarla es lo que dota de poder a individuos y naciones. Por eso es que el Capitalismo (muchas cabezas almacenando y procesando información) le ganó al

Comunismo (unas pocas cabezas almacenando y procesando información).

Si nos remontamos al pasado no tan lejano, hace 3,000 años, los antiguos babilonios solían buscar respuestas en lo que ellos consideraban la fuente de información y sabiduría más importante: las estrellas. Los astros les decían cuando era buen momento para cosechar o bien en qué dirección viajar. Posteriormente llegaron las religiones escritas como el judaísmo, cristianismo, hinduismo, etc. proponiendo que las respuestas ya no las tenían los astros sino Dios y sus escrituras. Los libros reemplazaron a las estrellas como la fuente de información más importante. Posteriormente llegó el Humanismo liberal y propuso que Dios y las escrituras son parte de la imaginación humana y por lo tanto las respuestas las tenemos dentro de nosotros mismos. El Humanismo liberal ha enaltecido al ser humano de tal forma que en el mundo contemporáneo no solo creemos que las respuestas más importantes las llevamos por dentro sino que también el universo gira alrededor de nuestras experiencias y búsqueda de placer (lo cual está destruyendo al Planeta).

En otras palabras, los sentimientos sustituyeron a los astros y a los libros. Sin duda debemos de darles mérito, a final de cuentas todo lo que sentimos es producto de millones de años de evolución y es una fuente de sabiduría extraordinaria. Sin embargo, ya no está en sintonía con el mundo moderno y además ya existen otras fuentes mucho más poderosas para almacenar e interpretar información: las computadoras.

Aquí es donde podemos imaginarnos un sin fin de escenarios futuristas, desde tecnologías benévolas hasta robots apocalípticos. ¿Será la inteligencia artificial o las modificaciones genéticas la fuente de sabiduría que guíe todas las decisiones y creatividad del hombre en el futuro?

Sin duda no es una cuestión fácil de imaginar, pero al día de hoy podemos ver algoritmos tecnológicos como Waze o Facebook tomar decisiones por nosotros día a día.

Estudios recientes han demostrado que Facebook solo requiere 10 "Likes" para conocerte mejor que tus colaboradores, 100 "Likes" para conocerte mejor que tus amigos y 300 "Likes" para conocerte mejor que tu esposo/a, ¿cuántos necesitará para conocerte mejor que tú mismo? A esta nueva idolatría de la información se le conoce como Dataísmo.

Dicho esto, nos damos cuenta que nuestra capacidad de adaptación al cambio constante (creatividad) será auxiliada cada vez más por entes externos "súper inteligentes". Al día de hoy nadie sabe lo que el futuro nos deparará, y si este punto será positivo o negativo para la humanidad, a fin de cuentas es solo un medio más, en realidad el fin para el cual usamos estas herramientas es lo que puede ser bueno o malo.

Por lo tanto, esta pequeña reflexión futurista puede ayudarnos a comprender que no solo debemos trabajar sobre nuestro músculo creativo sino también apoyarnos en herramientas tecnológicas que nos pueden ayudar a almacenar y procesar más información de la que nuestro propio cerebro puede. De esta forma estaremos llevando al límite el arte de la creatividad en el futuro.

Bibliografía:

Ed, Catmull. (2015). *Creatividad S.A. cómo llevar la inspiración hasta el infinito y más allá.* Conecta. Penguin Random House.

Dorje, Gyurme (traductor); Coleman, Graham (redactor); Jinpa, Thupten (redactor); Dalai Lama (comentario). (2007). *The Tibetan Book of the Dead: First Complete Translation.* Penguin Books.

Harari, Yuval Noah. (2015). *Sapiens: A Brief History of Humankind.* Harper.

Harari, Yuval Noah. (2016). *Homo deus: breve historia del mañana.* Penguin Random House.

Lois, George. (2012). *Damn Good Advice (for People with Talent!): How to Unleash Your Creative Potential.* Phaidon Press.

Dalai Lama. (2017). *Conócete a ti mismo tal como realmente eres.* Debolsillo.

Schopenhauer, Arthur. (1966). *The World as Will and Representation,* Vol. 1 & 2. Dover Publications.

Homero. (2013). *La Iliada y la Odisea.* Windham Press.

Freud, Sigmund. (2017). *La hipnosis.* Editorial Planeta.

Hawking, Stephen. (2017). *Breve historia del tiempo.* Editorial Crítica.

Nietzsche, Friedrich. (2006). *El Anticristo.* Editorial Selector.

Campbell, Joseph. (2014). *El héroe de las mil caras: psicoanálisis del mito.* Fondo de Cultura Económica

MASTER ACADEMY

Una publicación original de Alfa Master Academy.
www.AlfaAcademy.mx

Comprende qué es la creatividad y por qué es tan importante.
Descubre cómo ha sido utilizada por los pensadores más
trascendentes de la humanidad y cómo ha moldeado la
"realidad" de hoy.

Obtén ideas valiosas que harán detonar tu creatividad. No
importa si eres contador, abogado, ingeniero, publicista,
diseñador, músico, escritor, etc. Todos los seres humanos
tenemos capacidad creativa, la diferencia está en ejercitarla
o no ejercitarla. Encuentra mundos nuevos y descubre una
parte de ti llena de poder.

¡Conviértete en Productor Creativo de tu propia vida!

Juan Carlos Chávez es Director Creativo de G8D Agencia de Comunicación, asesora de empresas locales, nacionales y transnacionales, con algunas de las cuentas más importantes de México. Profesor de Marketing y Liderazgo. Creador y fundador de Alfa Master Academy, Rawkfit y Body Masters, proyectos creativos sin precedentes que están rompiendo paradigmas en el mundo de la educación, el fitness y la nutrición.

Master en Administración de Empresas por la Universidad de Gotemburgo, Suecia. Especialista en Liderazgo Creativo por el Indian Institute of Management de Bangalore, India. Y Especialista y Licenciado en Comunicación por la Universidad Panamericana de la Ciudad de México.

Nacio el 8 de Octubre de 1982 en la Ciudad de México. s adicto a la música y la Filosofía. Una alma creativa en movimiento constante, creador de un sin fin de ideas, campañas y proyectos que inspiran a "salir de la caja y la rutina".